BEI GRIN MACHT SICH IHR WISSEN BEZAHLT

- Wir veröffentlichen Ihre Hausarbeit, Bachelor- und Masterarbeit

- Ihr eigenes eBook und Buch - weltweit in allen wichtigen Shops

- Verdienen Sie an jedem Verkauf

Jetzt bei www.GRIN.com hochladen und kostenlos publizieren

Bibliografische Information der Deutschen Nationalbibliothek:

Die Deutsche Bibliothek verzeichnet diese Publikation in der Deutschen Nationalbibliografie; detaillierte bibliografische Daten sind im Internet über http://dnb.d-nb.de/ abrufbar.

Dieses Werk sowie alle darin enthaltenen einzelnen Beiträge und Abbildungen sind urheberrechtlich geschützt. Jede Verwertung, die nicht ausdrücklich vom Urheberrechtsschutz zugelassen ist, bedarf der vorherigen Zustimmung des Verlages. Das gilt insbesondere für Vervielfältigungen, Bearbeitungen, Übersetzungen, Mikroverfilmungen, Auswertungen durch Datenbanken und für die Einspeicherung und Verarbeitung in elektronische Systeme. Alle Rechte, auch die des auszugsweisen Nachdrucks, der fotomechanischen Wiedergabe (einschließlich Mikrokopie) sowie der Auswertung durch Datenbanken oder ähnliche Einrichtungen, vorbehalten.

Impressum:

Copyright © 2017 GRIN Verlag
Druck und Bindung: Books on Demand GmbH, Norderstedt Germany
ISBN: 9783668636989

Dieses Buch bei GRIN:

https://www.grin.com/document/387054

Bianca Weihrauch

Definite Artikel als Anzeiger des Genus von Substantiven

GRIN - Your knowledge has value

Der GRIN Verlag publiziert seit 1998 wissenschaftliche Arbeiten von Studenten, Hochschullehrern und anderen Akademikern als eBook und gedrucktes Buch. Die Verlagswebsite www.grin.com ist die ideale Plattform zur Veröffentlichung von Hausarbeiten, Abschlussarbeiten, wissenschaftlichen Aufsätzen, Dissertationen und Fachbüchern.

Besuchen Sie uns im Internet:

http://www.grin.com/

http://www.facebook.com/grincom

http://www.twitter.com/grin_com

Freie Universität Berlin
Fachbereich Philosophie und Geisteswissenschaften Institut für Deutsche und Niederländische Philologie Veranstaltung
Blockseminar: Deutsch als Fremdsprache für ehrenamtliche Sprachvermittler/innen

Unterrichtsentwurf

Thema der Unterrichtseinheit: Substantive und Artikel

Thema der Stunde: Definite Artikel als Anzeiger des Genus von Substantiven

Fach: Deutsch als Fremdsprache
Klasse: Willkommensklasse (9 Schüler/innen: 5 Mädchen / 4 Jungen) Ort: Berlin / Marienfelde
Datum: 14.02.2017
Zeit: 8.00 – 13.30 Uhr

Verfasser:

Bianca Weihrauch

5. Semester

Inhaltsverzeichnis

1. Aufbau der Unterrichtseinheit 3
2. Lernziele 3
   - 2.1. Grobziel 3
   - 2.2. Feinziel 3
3. Lernvoraussetzungen 4
   - 3.1. in Bezug auf die Klassensituation 4
   - 3.2. in Bezug auf die Inhalte 5
   - 3.3. in Bezug auf die Arbeits- und Sozialformen 5
   - 3.4. in Bezug auf den Leistungsstand 5
4. Sachanalyse 6
5. Praxisbericht 7
   - 5.1. Didaktische und methodische Reflexion 7
   - 5.2. Reflexion der Unterrichtsstunde 8
- Literaturverzeichnis 9

1. Aufbau der Unterrichtseinheit

- Einführung der Wortart „Substantiv" und Unterscheidung von anderen Wortarten (z.B. durch die Schreibung mit Kapitalbuchstaben, Unterscheidung von Konkreta und Abstrakta, Verwendung von bestimmten Artikeln)
- Definite Artikel als Anzeiger des Genus von Substantiven
- Indefiniten Artikel
- Einführung in das Kasussystem
- Deklination von Substantiven
- Bestimmung des richtigen Kasus von definiten/indefiniten Artikeln und des Substantivs in Lückentexten

2. Lernziele

2.1. Grobziel

Die Schülerinnen und Schüler[1] sollen sich mit den durch definite Artikel angezeigten Genera Maskulinum, Femininum und Neutrum vertraut machen und ein Gefühl für die Komplexität der Verwendung von Artikeln als Substantivbegleiter gewinnen.

2.2. Feinziel

Die Schüler/innen sollen:

- FZ 1: lernen, dass im Deutschen drei Genera verwendet werden (Maskulinum, Femininum, Neutrum).
- FZ 2: erkennen, dass der Artikel das jeweilige Genus des Substantivs anzeigt.
- FZ 3: realisieren, dass nicht immer ein nachvollziehbarer Zusammenhang zwischen dem Genus des Artikels und dem (realen) Geschlecht seines Substantivs gegeben ist (z.B. die Frau – der Mann, aber: das Mädchen – die Flasche).
- FZ 4: die Notwendigkeit erkennen, Substantive immer in Kombination mit ihren Artikeln zu lernen.

---

[1] Im Folgenden wird für die Bezeichnung „Schülerinnen und Schüler" die Abkürzung SuS verwendet.

3. Lernvoraussetzungen

3.1. in Bezug auf die Klassensituation

Die Willkommensklasse setzt sich aus fünf Mädchen und vier Jungen im Alter von 8 – 10 Jahren zusammen. Den Hauptanteil der SuS stellen Kinder aus Syrien mit der Erstsprache[2] Arabisch dar (sechs Kinder). Zudem befinden sich zwei SuS mit der L1 Farsi in der Klasse und eine Schülerin mit der L1 Polnisch.

Zwei der SuS sind bilingual aufgewachsen (Arabisch, Kurdisch). Dabei besuchen vier der neun Kinder die Willkommensklasse bereits seit dem Schuljahr 2015/16.

Der Kenntnisstand in Deutsch als L1 variiert demzufolge je nach SuS deutlich und verursacht dadurch Probleme bei einer allgemeinen thematischen Schwerpunktsetzung des Unterrichts für alle SuS. Eine Ausdifferenzierung des Lehrmaterials ist aus diesem Grund im Deutschunterricht zwingend notwendig.

Zusätzlich zu dieser Problematik sind die Bildungshintergründe und –voraussetzungen der SuS sehr unterschiedlich. Bei allen SuS kann ein Schulbesuch in den Ländern Afghanistan, Polen bzw. Syrien nachgewiesen werden, dieser erfolgte jedoch oft nur bis zum Abschluss der 1. Klasse (afghanische SuS) oder mit Einschränkungen, die durch fluchtbedingte Ortswechsel verursacht wurden (z.B. mehrjährige Schulbesuche in Syrien, Ägypten und der Türkei bei mind. zwei SuS).

Zwei der neun SuS haben erhebliche Probleme im Bereich ihrer kognitiven Fähigkeiten und ihrer Konzentrationsfähigkeit, wodurch bei beiden eine ADHS-Erkrankung vermutet wird. Traumatisierungen durch die Kriegs- und Fluchterlebnisse konnten durch Elterngespräch und psychologische Tests bereits ausgeschlossen werden.

Durch die mannigfaltigen Schwierigkeiten im Bereich der Lern- und Leistungsfähigkeit ergeben sich häufig soziale Probleme, die das Klassenklima belasten. Allerdings

---

[2] Im Folgenden wird für die Begriffsbezeichnung „Erstsprache" auf den Fachterminus L1 zurückgegriffen. Vgl.: Kniffka, Gabriele/Siebert-Ott, Gesa, Deutsch als Zweitsprache. Lehren und Lernen, Paderborn 2012, 3. aktualisierte Aufl., S. 44.

konnten durch eine Veränderung der Sitzordnung bereits gute Fortschritte in diesem Bereich erzielt werden.

Die SuS zeigen sich in der Regel sehr motiviert was die Inhalte des Unterrichts angeht. Probleme ergeben sich aber oft bei den Jungen, deren Leistungsspektrum den Bereich größter Lernmotivation und Offenheit für die Bearbeitung neuer Aufgabenstellungen abdeckt, die jedoch auch zur kompletten Arbeitsverweigerung neigen.

3.2. in Bezug auf die Inhalte

Vier SuS kennen die Unterscheidung der Wortarten bereits aus dem letzten Schuljahr. Ihnen ist bekannt, dass sich Substantive durch die Schreibung mit Kapitalbuchstaben auf logographischer Ebene von anderen Wortarten unterscheiden. Außerdem kennen sie bereits definite und indefinite Artikel und ihre Funktion als Begleiter des Substantives und Anzeiger seines Genus. Auch den weiteren fünf Schülern ist das Vorhandensein von definiten und indefiniten Artikeln als Substantivbegleiter bereits bekannt. Allerdings verfügen sie noch nicht über die Kenntnisse, welche Relevanz das Vorhandensein von Artikeln für das Substantiv auf grammatikalischer Ebene hat und welche Auswirkungen sich dadurch für die Deklination der Substantive ergeben.

3.3. in Bezug auf die Arbeits- und Sozialformen

Die Schüler bearbeiten Aufgaben i.d.R. in Einzelarbeit. Auch Partnerarbeit wird genutzt, allerdings gestaltet sich diese oftmals unproduktiv, da die Schüler einander ablenken und dabei die Aufgabenstellung vernachlässigen. Außerdem ist es bei der Paarbildung schwierig Schüler mit bereits ausgeprägten Deutschkenntnissen mit Neulernen zu kombinieren, da die Anzahl der Neulerner und leistungsschwachen Schüler höher ist (Verhältnis: 2:7).

Auf Gruppenarbeit wird aufgrund der bereits bei der Partnerarbeit genannten Probleme gänzlich verzichtet.

Des Weiteren wird häufig Frontalunterricht und die Arbeit im Plenum genutzt, v.a. wenn Inhalte erarbeitet werden sollen, die für die gesamte Klasse relevant sind (z.B. Vokabeln, Grammatikregeln u.Ä.).

3.4. in Bezug auf den Leistungsstand

Leistungsstärkere Schüler mit ausgeprägten Deutschkenntnissen sind: Wiktoria, JamilLeistungsstärkere Schüler mit geringen Deutschkenntnissen sind: Ebrahim, Ayham Leistungsschwächere Schüler sind: Yasser, Nawal, Sabrina, Reyhan, Sara

4. Sachanalyse

Artikel und Substantive bilden eine grammatikalische Größe, da der Artikel das jeweilige Genus des Substantivs anzeigt.3

Im Deutschen unterscheidet man zwischen den drei Genera Maskulinum, Femininum und Neutrum im Singular, die durch die Artikel der, die bzw. das bezeichnet werden.4 Im Plural fällt die Unterscheidung zwischen den einzelnen Genera weg, es wird nur noch der Artikel die verwendet.5

Zieht man die Methode der kontrastiven Sprachbetrachtung zu Rate6 und vergleicht Arabisch, die Mehrheitssprache der Schüler in der Willkommensklasse, mit dem deutschen Sprachsystem, so stellt man fest, dass im Arabischen keine Artikel vorhanden sind und nur zwei Genera existieren, nämlich Maskulinum und Femininum.7 Eine Kategorie für den Neutrum-Artikel das muss den Schülern demnach bewusst gemacht werden.

Hinzu kommt die Schwierigkeit, dass Substantive nur in einigen Fällen, wie z.B. durch die Suffixendungen -ung, -heit und -keit,8 Hinweise auf ihr Genus und somit auf die richtige Verwendung des Artikels geben. Auch die (realen) geschlechtlichen Kategorien maskulin, feminin und neutral sind als Unterscheidungskriterien nicht immer zielführend.

Seine Bedeutung hat der Artikel als Kriterium der Unterscheidung von homonymen Substantiven (z.B. das Pony vs. der Pony) und dem Geschlecht von Personen und Tieren, wobei, wie oben bereits genannt, auch hier Ausnahmen auftreten können (demnach ist die Katze weiblich und der Kater männlich, der Delphin kann aber sehr wohl weiblich sein, genauso wie das Pony männlich oder weiblich ist).9

---

3 Vgl.: Hahnemann, Suzan/Philippi, Jule, Deutsche Sprache spielend lernen. Sprach- und Schreibunterricht in Grundschule und Kita, Göttingen 2013, S. 89.
4 Ebd., S. 90.
5 Ebd.
6 Vgl.: Kniffka, Gabriele/Siebert-Ott, Gesa, Deutsch als Zweitsprache, S. 186ff.
7 In: Mohamud, Abdirashid A., Lernen & üben – Arabisch. Der direkte Weg zur Sprache, Stuttgart 52009, S. 78. 8 Eine Übersicht über sonstige Suffixe, die als Trigger dienen können ist hier zu finden: Hahnemann, Suzan/Philippi, Jule, Deutsche Sprache spielend lernen, S. 92.
9Ebd., S. 91.

5. Praxisbericht

5.1. Didaktische und methodische Reflexion

Der Unterrichtseinstieg erfolgt mit einer Sammlung von Substantiven an der Tafel. Dabei muss jede/r SuS ein ihm bzw. ihr bereits bekanntes Nomen an die Tafel schreiben. Somit soll sichergestellt werden, dass eine Worterklärung für das entsprechende Substantiv nicht mehr nötig ist, da es bereits im aktiven Wortschatz der SuS vorhanden ist.

In der Mitte der Tafel ist vorab eine dreigliedrige Tabelle mit den drei Genera vorbereitet worden, die den SuS im Anschluss an die Sammlung der Namen vorgestellt wird. Ziel der Tabelle ist, dass die SuS visualisieren können, dass das Deutsche über ein dreigliedriges Generasystem verfügt.

Die SuS werden nun in der Reihenfolge der angeschriebenen Namen nach dem passenden Artikel befragt. Derjenige Schüler mit der richtigen Antwort kommt an die Tafel und schreibt Nomen und Begleiter in die entsprechende Tabellenzelle.

Nachdem allen Nomen und ihre Artikel in der Tabelle zugeordnet sind, übernehmen die SuS das Tafelbild in ihre Hefte.

Im Anschluss werden die Aufzeichnungen noch einmal auf eventuelle Fehler kontrolliert.

Als nächstes wird ein Artikel-Spiel gespielt. Dabei werden die SuS dazu aufgefordert auf die vorgelesenen Artikel und Nomen zu reagieren, indem bei jeder Artikel- Substantiv-Kombination mit dem Artikel der nur die Jungen aufstehen, bei jedem die nur die Mädchen und bei jedem Substantiv mit einem das als Begleiter alle SuS aufstehen. Durch die aktive Beteiligung beim Spiel werden alle Schüler miteinbezogen und müssen sich an der Lernübung beteiligen. Außerdem wird das Genera-Problem mit seinem unspezifischen Geschlechtsbezug noch deutlicher. Nach dem Ende des Spiels kommen so auch erste Fragen nach dem Geschlechtsbezug auf,10 wodurch festgestellt werden kann, dass das anvisierte Feinziel 3 erfolgreich erreicht worden ist.

Nach diesem Spiel werden Paare gebildet, wobei die beiden leistungsstärkeren SuS den jüngsten Schülerinnen zur Seite gestellt werden, und ein Artikel-Memory11 ausgeteilt. Ziel ist es als Paar am schnellsten alle Artikel zum richtigen Bild/Nomen zuzuordnen. Das Gewinner-Paar erhält eine Belohnung in Form von Schokolade. Durch den Anreiz

---

10 Der Schüler fragte danach, warum es die Flasche heißt, obwohl eine Flasche nicht weiblich sei.

der Belohnung kann davon ausgegangen werden, dass bei der Sozialform der Paararbeit keine Ablenkung entsteht, da die Paare jene Belohnung gewinnen wollen.
Nach der Kontrolle der fertigen Paare und Korrektur der falsch zugeordneten Artikel werden die Gewinner gekürt und abschließend werden für alle SuS die richtigen Artikel-Substantiv-Kombinationen wiederholt, wobei die SuS diese nachsprechen müssen.

5.2. Reflexion der Unterrichtsstunde

Generell hat die didaktische Herangehensweise an das Artikel und Genera Problem gut funktioniert, da die Schüler motiviert waren und gerne mitgemacht haben. Positiv anzumerken ist auch, dass es nach dem ersten Spiel Nachfragen von Seiten der SuS gab, sodass diese den Problembezug verstanden haben. Außerdem waren alle SuS gleichsam gefordert und konnten sich durch die aktive Teilnahme an beiden Spielen, die durch die Aussicht auf einen Gewinn im letzten Spiel noch verstärkt wurde, nicht dem Unterrichtsgeschehen entziehen, wie es bei Frontalunterricht oftmals der Fall ist.

Negativ anzumerken ist, dass das Verständnis der jüngsten Schülerinnen für das Problem nicht geschärft werden konnte, da sie hierfür noch einmal intensive Erläuterungen der Problematik in Einzelarbeit benötigen.

Literaturverzeichnis

Monographien:

Hahnemann, Suzan/Philippi, Jule, Deutsche Sprache spielend lernen. Sprach- und Schreibunterricht in Grundschule und Kita, Göttingen 2013.

Kniffka, Gabriele/Siebert-Ott, Gesa, Deutsch als Zweitsprache. Lehren und Lernen, Paderborn 2012, 3. aktualisierte Aufl.

Mohamud, Abdirashid A., Lernen & üben – Arabisch. Der direkte Weg zur Sprache, Stuttgart 52009.

Online-Ressource (Unterrichtsmaterial):

Hohm/Deckert-Bau/Kauczak/Vollmar, Begleiter-Memory, In: Grammatik 1 und 2, Webadresse (letzte Einsichtnahme am 10.Februar 2017):
>http://bilder.buecher.de/zusatz/32/32745/32745171_lese_1.pdf<.

BEI GRIN MACHT SICH IHR WISSEN BEZAHLT

- Wir veröffentlichen Ihre Hausarbeit, Bachelor- und Masterarbeit

- Ihr eigenes eBook und Buch - weltweit in allen wichtigen Shops

- Verdienen Sie an jedem Verkauf

Jetzt bei www.GRIN.com hochladen und kostenlos publizieren